Hildegard Brüssow

Demenz

aus der Sicht einer Betreuerin

2019

Bibliografische Informationen der Deutschen Nationalbibliothek:

Die Deutsche Nationalbibliothek verzeichnet diese Publikation

in der Deutschen Nationalbibliografie,

detaillierte bibliografische Daten sind im Internet

über http://dnb.dnb.de abrufbar

Herstellung und Verlag

BoD -Books on Demand, Norderstedt

ISBN 978-3-7494-8164-4

Inhaltsverzeichnis

AKTIV LEBEN TROTZ DEMENZ

Zufriedenheit

Arbeiten mit den Händen

Wandern in der freien Natur

Essen, wenn man Hunger hat

Schlafen wenn man müde ist

Sprechen mit den Bäumen und Würmern

Flöten wie die Vögel

Auf dem Kamm blasen für die Fische

Du bekommst neue Augen für die Wunder um dich herum

Du wirst weniger verbrauchen

aber bewusster genießen

Genießen ist ein Segen

Mit wenig zufrieden sein und viel genießen

ist eine Kunst

Und das Glück von wirklich freien Menschen

© Phil Bosmans

Wenn wir einmal verstanden haben was unsere Grundbedürfnisse sind, erst dann können wir anfangen den Erkrankten zu verstehen.

Eine der wichtigsten Fragen die Sie sich jetzt stellen müssen, ist es denn überhaupt Demenz oder Alzheimer oder eine Krankheit die ähnliche Symptome haben. Haben Sie den Befund vom Neurologen noch nicht, wird es jetzt wohl Zeit.

Ich habe es oft genug erlebt, man glaubte es ist Demenz. Wird der alte Mensch schrullig, senil, vergesslich „ ach der wird dement"

Vor gar nicht so langer Zeit wussten wir von der Krankheit Demenz fast nichts. Senil war eine beliebte wenn auch abwertende Bemerkung.

Es gibt an die 60 verschiedene Formen von Demenz und Alzheimer. Alzheimer stellt sich oft schon in jüngeren Jahren ein. Die Alters-Demenz dagegen so im Alter um die 70 Jahre.

Durch den Demographischen Wandel , die Menschen werden immer älter, gibt es auch mehr Demenzkranke.Altenwerden heißt heute oft sehr alt werden. Nie im Leben lernt Mensch dieses Altwerden.

Alters Demenz : Abgeleitet aus dem Lateinischen >De< was soviel bedeutet wie >weg< und >mens< was

>Denkvermögen, Verstand oder Vernunft< bedeutet. Demenz wird definiert als der Verlust früher vorhandener Intelligenz.

Alzheimer: Eine Neurodegenerative Erkrankung, deren hervorstechendes Symptom zu Beginn der Erkrankung Gedächtniseinbußen sind.

Möchten Sie mehr Wissenschaftliche Informationen, finden Sie am Ende dieses Buches ein Literatur Verzeichnis

Ich habe hier meine persönlich gemachten Erfahrungen zusammen getragen, die ich erst durch einen mehrmonatigen Lehrgang an der WAK Elmshorn erhielt aber dann hauptsächlich durch die praktische Arbeit mit Demenzkranken Menschen erhielt.

Sie werden erfahren wie Sie mit dem Kranken kommunizieren ohne in Stress zu kommen.

Wie Sie sich das zusammenleben einfacher gestalten können.

Wie Sie unmögliches bewältigen ohne zusammenzubrechen.

Wie Sie das Unfallrisiko im eigenen Heim minimieren.

Ach, fangen wir doch einfach an.

Ab zum Arzt

Genau! Erstmal muss festgestellt werden ob tatsächlich eine Demenz vorliegt. Es gibt viele Krankheitsbilder die ähnliche Symptome aufweisen. Aufschluss gibt der Neurologe oder die Memory-Kliniken. In den großen Städten gibt es sie. Einfach mal googeln.

Es ist tatsächlich so …...

Zu wenig Essen

Zu wenigTrinken

Diabetes

Schilddrüsen

Hirnwasserstau

Tumor

Durchblutungsstörung

u.v.m.

können Symptome ähnlich der Alzheimer auslösen

8. Stimmungsschwankungen

Es gibt gute und schlechte Phasen. Solange der Kranke seine Veränderung spürt, können sich schwere Depression einstellen. Plötzliches Weinen , Traurigkeit, aber auch Aggressivität stellen sich ein. Es ist die Traurigkeit über die eigene Unzulänglichkeit. Im zeitlichen Verlauf der Krankheit verschwindet es meist.

9. Abnehmendes Interesse an Kontakten

Was mal ein wichtiger Inhalt im Leben war wird schlichtweg vergessen. Macht kein Spaß mehr und oft ist einfach eine Konzentrationsschwäche daran schuld. Das kann beispielsweise Vereinsarbeit, der geliebte Club oder Musizieren. Das geliebte Hobby wird vergessen.

10. Verlust der Struktur

Zu merken das der geliebte Partner, Mutter oder Vater sich so stark verändert ist wohl mit das Schlimmste was im Verlauf passiert.

11. Misstrauen

Nicht jeder Bekannte wird gleich erkannt oder gar nicht mehr erkannt wird, ist schnell auch Misstrauen geweckt.

12. Fehleinschätzung v. Gefahren

Gefahren werden unterschätzt. Radfahren, das Auto, allein spazieren gehen. Auf Bäume klettern oder das Dach reparieren. Alles schon passiert.

13. Persönlichkeitsveränderung

Es ist schwer zu verstehen, wenn der Mensch den man so viele Jahre Vertrauen und Achtung geschenkt hat, auf einmal so anders wird. Das er Dinge tut die früher undenkbar waren.

14.   Handlungen werden für uns unlogisch

Wer weis denn schon das :

Überschüssiges Hirnwasser

für typische Alterserscheinungen sorgt

Kombination aus Vergesslichkeit, schlurfendem Gang und leichter Inkontinenz ist Indiz für **gut behandelbaren** Altershirndruck / Operation kann Lebensqualität erhöhen

Das Verhalten ändert sich

1. Stufe

- Misstrauen
- Feindseligkeit
- Aggressivität
- Fehlender Antrieb
- leichte Depression

2.Stufe

- Erste Gedächtnisstörungen treten auf
- Ängste, Unsicherheit
- Schimpfen, Schreien
- starke Stimmungsschwankungen
- umgekehrter schlaf- wach Rhythmus
- schwere Depression
- in seltenen Fällen auch Schmerzen
- Inkontinenz

Folge

- - Pflegende Angehörige sind meist überfordert und am Rande der Erschöpfung
- ambulante Pflege oder ein Heimaufenthalt

Es gibt keine klaren Regeln wie der Krankheitsverlauf sein wird. Und nicht jedes Stadium wird durchlebt.

Schleichendes Vergessen

Die bekannteste Form der Demenz ist Alzheimer und hat über 60 unterschiedliche Krankheitsbilder.

Wir bleiben mal bei der Neurodegenerativen Demenz was heißt das die Hirnfunktion schleichend nachlässt.

Denn davon sind ja viele alte Menschen betroffen.

Vergessenes ist unweigerlich verloren.

Neues kann nicht erlernt werden

Der Verlauf zieht sich über ca . 8-20 Jahre hin. Der geistige Verfall ist die Folge einer organischen Erkrankung. Die Nervenzellen im Gehirn sterben ab.

Der Mensch ist also krank,

er kann für sein Verhalten nichts.

Erste Lektion:

Akzeptiere den IST-Zustand . Manchmal hilft es sich einfach umzudrehen und bis 10 zählen.

DER IDEAL FALL

Der Demente bemerkt die Veränderung selbst und bespricht es mit der Familie. Die selbstverständlich liebevoll ist und hinhört.

Der erste Besuch beim Arzt wird organisiert. Ein geduldiger Angehöriger geht natürlich mit.

Der Hausarzt nimmt es auch sehr ernst (kommt leider nicht immer vor) und macht erst-mal einen Gesundheitscheck um andere Möglichkeiten auszuschließen

Nun folgt der Besuch bei einem Spezialisten oder der Memory-Klinik.

Jetzt ist die perfekte Grundlage geschaffen um noch viele schöne Jahre zu haben. Denn es werden die entsprechenden Test gemacht, so das eine perfekte Vorsorge getroffen werden kann.

Es ist ja leider richtig das es noch keine Heilung bei Demenz wie bei Alzheimer gibt, jedoch gibt es Medikamente die den Krankheitsverlauf günstig beeinflussen werden.

Durch dieses frühe erkennen und behandeln der Krankheit ergibt sich die Chance

1. In Würde alt werden

2. Den Verlauf zu verlangsamen

3. Dem Leben bis zuletzt einen Sinn zu geben

4. Einander weiter zu lieben und nicht

in Hoffnungslosigkeit zu verfallen

Warum der Rückzug nach Innen

oder die Rückkehr in die Vergangenheit

Natürlich spürt der Demenzkranke das da etwas passiert das sich nicht ändern lässt. Einige können es gut verdrängen, andere werden traurig.

Die Welt ver>>rüc>>>kt

Das macht nicht fröhlich – das macht Angst

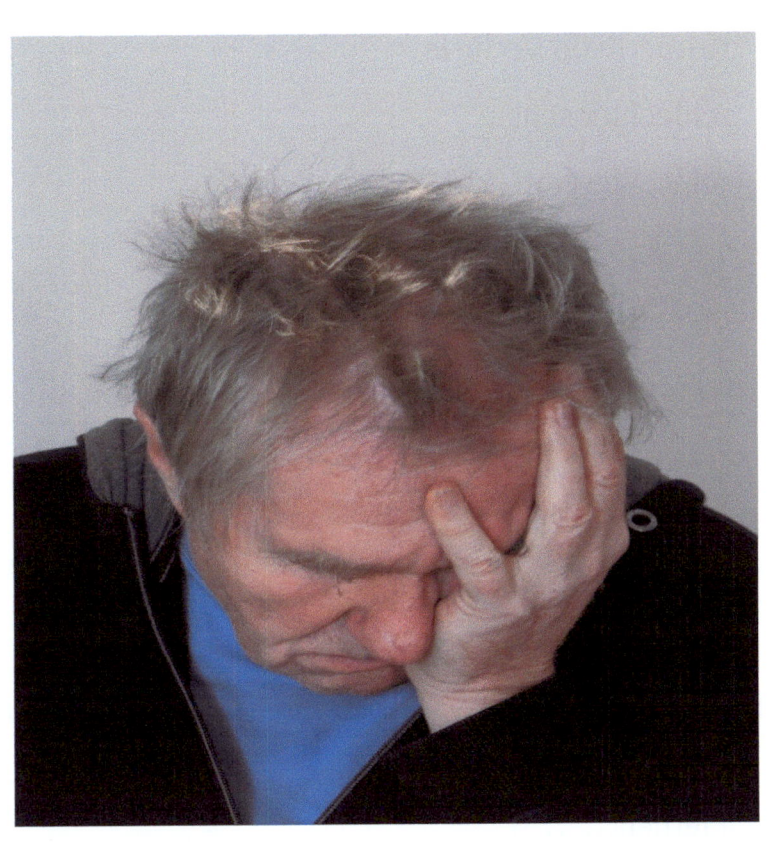

Versuche Dich hineinzuversetzen

✗ Körperliche Verluste

✗ schlechter sehen

✗ schlechter hören

✗ Tastsinn verschlechtert sich

✗ Inkontinenz

Dazu kommen vielleicht noch andere Probleme, die auch Auslöser einer Demenz sein können

✗ Verlust des Lebenspartners

✗ Verlust des „zu Hause"

✗ Krankenhausaufenthalt

All das sind Auslöser und -Verschlimmerer- einer Demenz.

Wollen wir wirklich helfen, dann müssen wir mitmachen, wir müssen lernen…….

„IN DEN SCHUHEN DES ANDEREN ZU LAUFEN"

Wie das ?   ES FUNKTIONIERT   Aber
dazu kommen wir noch.

Zweite Lektion:

*Freuen wir uns doch über die kleinen Dinge statt uns immer wieder zu ärgern, dann zieht Leichtigkeit in Ihr Leben und sie werden noch viel Freude miteinander haben. (Übrigens, andersherum, würden **SIE** immer den Kürzeren ziehen.)*

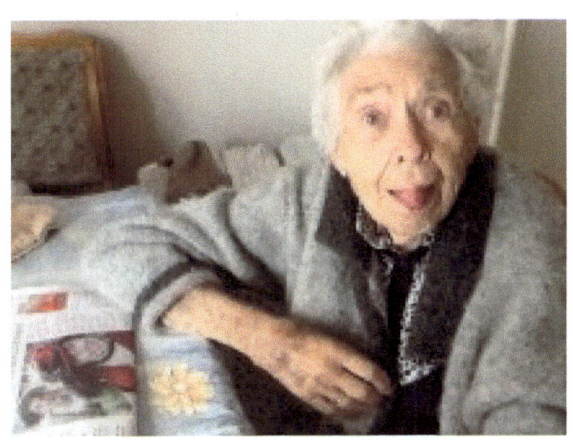

Vergessen Sie die Angst vor Alzheimer

Diese Krankheit macht uns Angst weil wir wissen wenn sie in der Familie ist.   Ein Herzkranker der nichts von seiner Krankheit weis hat keine Angst vor dem Sterben.

Die Diagnose hat uns Gewissheit verschafft. Wir wissen jetzt wie viel Zeit uns bleibt. Zeit die wir mit schönen Dingen füllen können. Dinge die Lebenswert sind.

Das oft, viel zu späte erkennen dieser Krankheit verhindert das langsame Abschied nehmen und die Möglichkeit noch eine wunderbare Zeit zu verbringen.

Holen Sie Ihre Mannschaft an Bord

Damit meine ich die ganze Familie, Freunde und vielleicht sogar die Nachbarn.   Fangen Sie gar nicht erst damit an, es allein durchstehen zu wollen. Wohl möglich weil sie sich wegen der Situation schämen, oder weil Sie niemanden belästigen mögen. **Sie werden an der Aufgabe zerbrechen.**

Niemand ist in der Lage allein und tagtäglich einen 24 Stunden Job zu bewältigen

Auch die Enkelkinder, sind sie nicht mehr zu klein, können eine Aufgabe übernehmen. Die Webseite von

www.afi.kids.de bringt hervorragende Beispiele

In Würde alt werden

Wollen wir doch alle , oder ?

Was könnte der Kranke empfinden

➔ Verwirrung

➔ Verunsicherung

➔ Angst

➔ Hilflosigkeit

➔ Schmerzen

➔ Sorgen

➔ Überforderung

➔ Wut

➔ Stress

➔ ständige Anspannung

➔ Depression

➔ Aggression gegen sich und Umgebung

➔ Einsamkeit durch Rückzug

➔ Verbitterung

➔ Schamgefühl

Verlust von Selbstwert

Was empfindet der Angehörige

➜ Hilflosigkeit

➜ Ungeduld

➜ Wut

➜ Angst

➜ Verzweiflung

➜ Zu hohe Erwartungshaltung

➜ Mitleid

➜ Ständiger Kampf (auch der Gefühle)

➜ Machtlosigkeit

➜ Ekel > z.B. Hygiene / Essen

Totale Erschöpfung

Einsamkeit

Warum einsam ? (Das Boot)

Bilden Sie eine Mannschaft

Bleibe nicht allein mit dieser Situation sonst werden sie verkümmern und auf der Strecke bleiben.

Früher oder später bleiben Freunde weg, weil sie die Situation auch nicht verstehen, das Miteinander macht eben auch nicht mehr soviel Spaß. Die Freizeitbeschäftigungen werden immer komplizierter. **Man fühlt sich genervt.**

Auch die Kinder verstehen nicht warum sich alles um den Kranken herum verändert. Wie sollten sie auch, wenn nicht einmal Sie verstehen was da passiert.

Wie sollen Sie ihnen erklären was Sie selbst nicht verstehen. Vielleicht schämen Sie sich sogar für diesen Zustand. War doch der geliebte Partner mal ein Vorzeigemodell ?

Aus Angst es könnte was passieren, gehen Sie nicht mehr allein aus dem Haus. Und die Gemeinsamkeit wird zu einer immer größere Herausforderung.

Spätestens jetzt wird sich die Verzweiflung Ihres Körpers bemächtigen. Hört sich theatralisch an, nicht wahr? Aber genauso kommt es, wenn Sie es zulassen.

Der Kreis schließt sich.

Soweit darf es nicht kommen

Ich habe es so oft erlebt, Hilfe wird erst eingefordert wenn die Situation unerträglich wurde.

Dritte Lektion:

*Sprechen Sie **offen** und von Anfang an über das Problem. Mit Ihren Kindern, Enkelkindern, Freunden, Nachbarn. Sie werden schnell feststellen das Sie gar nicht mehr so allein sind*

Übrigens ist dies eine

wunderbare Adresse wenn kleine Kinder und Jugendliche mit einbezogen sind.

www.afi-kids.de

Kinder nehmen diese Situationen leichter als man vielleicht glaubt und sollten unbedingt mit einbezogen werden

Jetzt wissen schon mal Alle Bescheid , sehr gut !

DER PLAN

1. Teilen sie Ihre „Sippe" ein.

Machen sie ihren Angehörigen und Freunden klar wie wichtig es für IHRE Gesundheit ist Auszeiten zu haben, und sind sie noch so begrenzt. Ein Enkel ist durchaus in der Lage auch mal auf Oma oder Opa „aufzupassen" .

Wenn da gar nichts geht, aus beruflichen Gründen z.B., so haben Sie doch Anspruch auf Betreuungsgeld. Nicht verwechseln mit dem Pflegegeld. Ich will hier nicht mit Zahlen kommen weil sich da auch ständig was ändert. Sprechen Sie mit Ihrer Krankenkasse. Seien Sie Hartnäckig, geben Sie sich nicht zu schnell zufrieden. Sogar ein Erholungsheim für Demenzkranke und Angehörige gibt es schon.

2. Die Betreuungskraft

Ich habe um Alltagsbetreuerin zu werden richtig die Schulbank gedrückt, mit Praktika und Abschluss um das Zertifikat zu erhalten. Leider macht das DRK und die AWO, vielleicht auch noch andere Dienstleister diese Lehrgänge am Wochenende im Hauruckverfahren. Was ich davon halte möchte ich lieber für mich behalten. Die Pflegedienste bieten gerne ihre eigenen Leute für die Betreuung an. Meist sind es nur 1 Std. die Woche, denn schließlich will der Dienst daran auch verdienen. Bestehen Sie auf mindestens 2 Stunden, damit Sie was davon haben. Denn letztendlich ist das ja das wichtigste.

Aber was muss eine Betreuungskraft oder wie man heute sagt „Alltagsbegleitung" § 87 b tun wollen.

Unter Berücksichtigung der kognitiven Fähigkeiten

→ Malen & Basteln

→ handwerkliche Arbeiten

→ wenn vorhanden - leichte Gartenarbeit

→ Haustiere füttern und pflegen

→ Kochen und Backen

→ Anfertigung von Erinnerungsalben

→ Musik – singen - musizieren – anhören

→ Brett u. Kartenspiele (neu lernen geht nicht)

→ Spaziergänge

→ Bewegungsübungen & Tanzen

→ Kirchgänge

→ Friedhof

→ Kulturelle Veranstaltung

➜ Lesen & Vorlesen

➜ Erinnerungsarbeit & Gedächtnistraining

Wenn Sie sich die Liste anschauen sieht es viel aus. Jedoch irgendwas davon und das 1-2 x die Woche in 1-2 Stunden ist nicht zu viel. Und warum sollte nicht auch das Enkelkind irgendeine Aufgabe davon übernehmen.

Es ist kostbare Zeit die Sie ganz allein für sich selbst verwenden können, es wird Sie zufriedener machen.

3.Tagespflege.......

......solange der „Zustand" es noch erlaubt.

Hier spielt allerdings die Freiwilligkeit des Kranken eine große Rolle.

Sie werden merken, sie werden anhänglicher, treten ihnen fast in die Hacken und wie stark sie von Trennungsängsten geplagt werden.

Wählen Sie eine Tagespflege die abholt und bringt. Meisten ist es schnell eine geliebte Abwechslung für den Kranken und der Vorteil für Sie liegt wohl auf der Hand. 1-2x die Woche wird meist von den Kassen übernommen.

So läuft es in der Tagespflege meistens ab :

- → gemeinsames Frühstück
- → Beschäftigung z.B. Vorlesen der Tageszeitung, Spiele, Musizieren
- → helfen bei der Zubereitung vom Mittagessen, Tisch decken u.s.w. Grundsätzlich auf freiwilligen Basis und unter Berücksichtigung der kognitiven Fähigkeiten
- → Ruhephase, wer mag schlafen
- → Kaffee trinken
- → Gespräche
- → Fahrt nach Haus

Was ich besonders toll finde, wenn es in der Einrichtung auch ein Snoozelen Zimmer gibt .

Darunter versteht sich ein Raum oder eine Ecke die besonders gemütlich ist. Mit Lichtreflexen vielen Kissen und Decken. Leise Musik. Lädt zum entspannen und Träumen ein.
Bei uns in Deutschland aber meistens reines Wunschdenken.

Nun weigert sich die Person in den Wagen zu steigen

Da ist viel Einfühlungsvermögen gefragt. Vielleicht sollten Sie die ersten Male einfach mitfahren wenn möglich oder mit dem PKW hinterher. Oder sie versprechen „Ich komme nach" Manche Situation kann man gut verpackt „verkaufen".

So gaben wir der lieben Elisa das Gefühl zur Arbeit zu **dürfen**. Das ging Monatelang wunderbar. Die zwei Abhol-Tage in der Woche stand sie pünktlich *gestiefelt und gespornt* und wartete auf die Abholung. Morgens um 8h

Wie war das noch?   In den Schuhen des Anderen.......

Sie kennen Ihr Sorgenkind am besten.

Sie werden den Zugang finden.

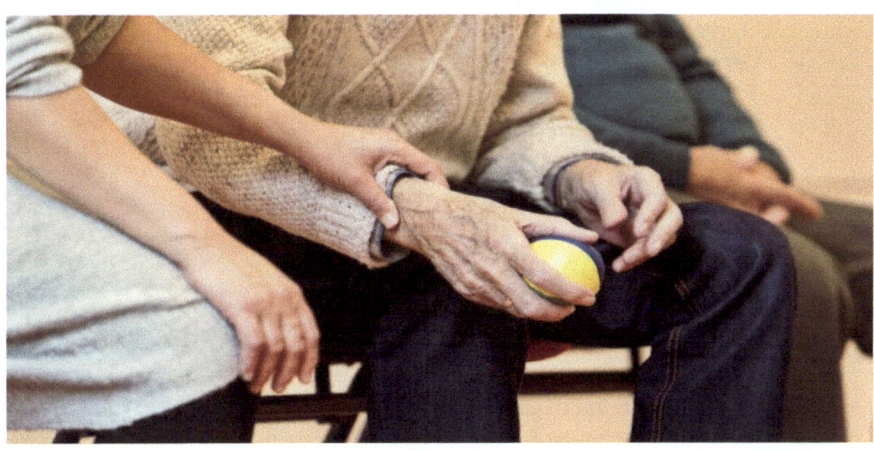

Erstelle eine Biografie

Aufmerksames Personal einer Tagespflege oder wenn später einmal der Umzug in ein Heim unumgänglich werden sollte, sind dankbar wenn Sie eine Biografie bereit halten um möglichst genau über Vorlieben oder dem genauen Gegenteil Auskunft geben zu können.

Keine Angst Aufsätze sind nicht erwünscht, einfach Tabellarisch ist perfekt.

Machen Sie ein Gedächtnistraining mit ihrem Schützling daraus. Sie werden staunen was da alles zu Tage kommt.

Also was sollte auf jeden Fall drinnen stehen:

Natürlich die Vorlieben von Damals:

> Wo geboren , wo & wie aufgewachsen

> Die Eltern, deren Vornamen

> Die Geschwister (geliebt & ungeliebt)

> Eigene Kinder

> Gravierende Erlebnisse (Krieg, schwerste Krankheit)

> Schlimme Ereignisse wie Flucht aus der Heimat

> Die Hobbys (Nähen, Basteln, Malen, Werken)

> Welche Vereine oder Clubs

- Freizeitgestaltung (Tanzen , Kino , Wandern)
- Haus und Garten? (gerne?)
- Beruf
- Das Lieblingsgericht

  Vorlieben der jüngeren Vergangenheit und der

  IST Stand, was noch geht
- Belange und Werte
- Vorlieben herausfinden (Beschäftigung/Spiele)
- Welche Gewohnheiten
- Ressourcen
- Kognitive Fähigkeiten
- Wünsche respektieren
- Was schmeckt noch

Jetzt mag man noch denken, das weiß ich doch, aber wenn dann schnell die Antwort benötigt wird ?

Mal ehrlich, gerade die Kinder wissen vieles nicht.

Motivation ist alles

Frauen sind oftmals leichter zu motivieren als Männer.

So war es bei Herr C. , ein erfolgreicher, dominanter Geschäftsmann seinerzeit. Es war fast nicht möglich ihn aus seiner Geschäftswelt heraus zu bekommen. Anfangs unnahbar war an Beschäftigungstherapie nicht zu denken.

Ein Problem war natürlich das er das Geschäftliche in keinster Weise noch regeln konnte, es aber wollte. Ein Krankenhaus Aufenthalt nach einem Sturz, hat seinen Zustand noch verschlimmert. Seine Frau hatte alle Hände voll zu tun um schlimmeres zu verhindern, vor allem wenn es geschäftliche Belange waren. Frau C. war mit den Nerven schon am Ende.

Er hatte keine Vorlieben nur das Geschäft dann seine Frau, dann die Kinder und Enkelkinder.

Damit bestand meine Haupt-Aufgabe in der Betreuung ein Störfeld zu sein, der gnädiger weise mit ihm fernsehen durfte.

Aber egal, das Ziel war ja seiner Frau Freizeit zu verschaffen.

Gerne hätte ich ihm ein Büro eingerichtet, Ordner, Schreibtisch, Stillgelegtes Telefon, Ablage, Mülleimer.

Leider ist es nicht mehr dazu gekommen.

Aber merken Sie? Wünsche und Vorlieben von HEUTE zu respektieren. Aber auch zu unterstützen. Spüre ich Unmut ist es notwendig den Rückzug an zu treten. Dieses Gespür zu entwickeln sollte **Ihre** Aufgabe sein.

Bedenke das ein Demenzkranker nichts neues lernen kann. Es macht also keinen Sinn irgendwelche Spiele auszugraben die schon in gesunden Jahren nicht geliebt waren.

Das allerwichtigste Hilfsmittel für den Alltag ist die :

VALIDATION

Das richtige Verstehen

Oder die Kunst Ruhe zu bewahren

1. es gibt leider kein Patentrezept

2. Holen Sie den Kranken dort ab wo er sich gedanklich im Augenblick befindet

3. Erhalten Sie ihm seine Gewohnheiten

Das kann passieren

- Innerhalb Minuten ,ja Sekunden wird dieselbe Frage gestellt.

- Wütende Anschuldigungen, „das hast du mir weg genommen"
- „Die versteckt mir alles"
- Nächtliches herumlaufen, die Nacht wird zum Tag
- Weggehen und nicht zurück finden
- Schlagen und drohen
- Macht Unerklärliches
- Ist Zuhause und will nach Hause
- Haben Sie meine Kinder gesehen ?

Machen Sie sich nicht die Mühe ständig zu hinterfragen ob SIE alles richtig machen.

Die Situationen sind unberechenbar, wichtig ist nur was Sie tun <u>bevor</u> eine Situation eskaliert.

Mein Patentrezept war , und das half meistens.

Okay – umdrehen – bis 10 zählen – nichts sagen, manchmal den Raum verlassen

WERTVOLL UND WAHRGENOMMEN

So will sich jeder fühlen auch ein Demenzkranker

➢ Die betroffenen Menschen müssen nicht mehr verbessert werden

➢ Der Demenzkranke soll in seiner Gefühlswelt wertschätzend begleitet werden

➢ Validation ist die Kommunikationsform mit verwirrten alten Menschen in Verbindung zu kommen

➢ Körperliche, Geistige und soziale Funktionen werden verbessert

➢ Ein Rückzug in ein dahin vegetierendes Leben, wird verhindert.

Validations-Anwendung

Auf den Punkt gebracht

- ✗ Geduld

- ✗ Aufrichtigkeit

- ✗ Mitgefühl kein Mitleid

- ✗ Beharrlichkeit

- ✗ Echtheit - Authentisch sein

- ✗ Neutralität

- ✗ Respektvoll gegenüber Jedem

- ✗ Vorurteilslos

- ✗ Phantasie

- ✗ Professionalität

- ✗ Persönliche Emotionen gehören hier nicht hin Probleme gehören ausgeklammert, die Konzentration ist bei dem Dementen

<u>Auf keinen Fall das:</u>

Was ich immer wieder beobachte sind Unterhaltungen im Rücken der Personen und kann Ängste auslösen

Jemanden zu validieren bedeutet, seine Gefühle anzuerkennen, ihm zu sagen das seine Gefühle wahr sind. Man braucht sehr viel Einfühlungsvermögen, um in die innere Erlebniswelt der sehr alten und desorientierten Menschen vorzudringen

Alt werden heißt heute oft sehr alt werden. Nie im Leben lernen wir Menschen dieses Altwerden.

Einen kleinen Selbsttest ?

- Ziehen Sie sich Arbeitshandschuhe an und versuchen sie damit im Haushalt etwas zu machen.

- Setzen Sie sich eine Schwimmbrille auf und gehen damit spazieren.

- Nehmen Sie etwas Watte in die Ohren und führen ein Gespräch.

  Was das soll ?

  Machen Sie es und sie werden ansatzweise merken wie sich ein Demenzkranker im Alltag fühlt

Das Weglaufen.....

...ist ein ganz besonderes Problem. Einsperren will man natürlich nicht. Darf man auch nicht, es könnte eine Krise auslösen die niemand will.

Die Ursache wegzulaufen muss nicht unbedingt am Häuslichen Umfeld liegen.

Vielleicht ist da nur der Wunsch die Eltern zu besuchen. Sie sind wahrscheinlich lange verstorben, nur weiß man es nicht mehr.

Oder Frau/Mann will zur Bank Geld holen. Hat man ja vielleicht früher auch gemacht, also Heute auch.

Oder das Auto wird gesucht für eine Spritztour.

Vielleicht kann man nur noch mit dem Rollator unterwegs sein, aber wenn so ein **„ich will" Schub** auftritt , werden alle Kräfte frei gesetzt. Da staunen Sie nur.

Wenn also der Drang zum Weglaufen sehr stark ist, versuchen Sie es mal mit einem großen schwarzen Vorhang vor der Tür und einen schwarzen Läufer vor der Tür im Flur.

Meistens wir diese „Schwelle nicht überschritten"

Es gibt im Handy-Zeitalter die tolle Möglichkeit mittels Spezialarmband eine App zu aktivieren. Dann findet sich der Schatz schnell wieder an.

Schlagen und Drohen

ist da schon sehr speziell.

Meine Erfahrung dazu war, eigentlich habe ich so eine Situation immer selbst verschuldet. Da ist schnelles entschuldigen und oft schneller Rückzug angesagt.

Sie wissen noch ? Umdrehen und bis 10 zählen.

Geschlagen wurde ich Gott sei Dank nie aber kurz davor schon eher.

Da war Charlotte, über 90 Jahre , etwas Dement aber mit sehr starken Schizophrenen Phasen. Dazu einen Tinnitus der gewaltig sein musste und sie völlig fertig machte. Das brachte keinen Spaß, sie tat mir einfach nur leid und die Tochter noch mehr, sie lebten zusammen.

Aber Charlotte war schon eine Ausnahme. Da wurde geschubst und geschrien. Dann war sie wieder froh das ich da war.

Manchmal hat sie den ganzen Abend kein Wort gesagt, oder ich wurde aus dem Zimmer geschickt.

Was macht man da.

Abstand halten – nichts sagen, bist sie wieder anfängt.

Normalerweise kann so Streit vermieden, bzw. abgewendet werden.

Demenzkranke sind aber auch sehr

- Liebebedürftig.
- Dankbar
- Anhänglich
- geben viel Zärtlichkeit zurück
- sind wirklich liebevoll

Und sie wollen Spaß, genau wie wir. Sie lachen so gerne und mir machte es so viel Freude sie zum Lachen zu bringen. Bei Herr D. war es etwas verhalten aber geklappt es trotzdem das eine oder andere mal.

Ein unschlagbares Hilfsmittel mit einem Demenzkranken zu kommunizieren ist :

Die Validation

Ihre Vision

Einem „verwirrten" Menschen einen

Lebensraum zu schaffen,

indem er und sei er noch so verwirrt,

akzeptiert wird, Wertgeschätzt als Individuum,

aufgehoben und eingehüllt in ein flexibles Milieu,

ihre verwirrte Lebensphase durchleben

und dann in Frieden sterben zu können

Naomi Feil

Ein paar Worte sind nicht genug

Naomi Feil und die Validation

Sie wuchs in dem Montefiore-Altersheim in Cleveland, Ohio auf, das ihr Vater Julius Feil leitete. An der Columbia University erwarb sie den Masters Degree für Sozialarbeit. In den Jahren 1963 bis 1980 entwickelte sie die Validationsmethode.

Bis zu ihrem Tod 2015 war sie Executive Directore des Validation-Training-Institutes (VTI)

Die Methodik der *Validation* beruht auf folgenden Grundlagen:

•*Die Lebensumstände des desorientierten Menschen werden akzeptiert.*

•*Die Pflegenden werden im Umgang mit dem alten, desorientierten Menschen, der seinen Gefühlen freien Lauf lässt, unterstützt.*

•*Die Menschen werden so akzeptiert, wie sie sind.*

•*Die Ursache von Gefühlen wird ergründet und der zu Pflegende wird darin unterstützt, seine Würde zu erhalten.*

✗ Diese phantastische Frau hat es erkannt und gezielt umgesetzt.

✗ Die Sprache die bei dem Demenzkranken ankommt.

✗ Die Sprache die Aggressionen und negative Stimmungen auffängt.

✗ Jede gute Betreuerin oder Betreuer sollte das beherrschen und benutzen.

✗ Jeder betroffene Angehörige sollte sich darin üben.

Eines der größten Probleme die sich im Umgang und Zusammenleben mit Demenzkranken ergab war und ist das Unverständnis.

Jemanden zu validieren bedeutet seine Gefühle zu erkennen , im zu sagen das seine Gefühle wahr sind . Auch wenn uns die Situationen oft sehr suspekt erscheinen, brauchen wir das Einfühlungsvermögen um in die desorientierte Welt des Kranken vorzudringen.

Validation könnte man als „Gültigkeitserklärung" übersetzten

So wie es der Demenzkranke empfindet genauso ist die Realität für ihn   und niemals anders.

Das ist der Moment wann wir -

in seine Stiefel steigen und mit ihm gehen müssen.

Giftige Gefühle

Gefühle die ignoriert werden , gewinnen an Intensität und können giftig werden !

Gefühle verlieren ihre Intensität wenn sie validiert werden

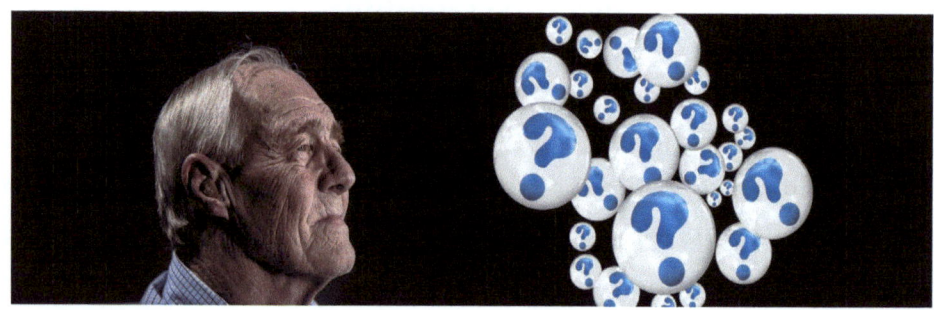

Der Fall Isidor Rose

Der erste Fall von Naomi Feil

Er lebte schon einige Jahre im Altersheim.

Früher war er Anwalt, nun konnte er nicht einmal mehr richtig sprechen. Früher ging er jeden Tag in seine Kanzlei, jetzt schrie er nur noch zwei Namen und eine Zahl und schlug ständig mit seinem Gehstock auf sein Knie.

Isidor hasste den Heimleiter und verfluchte den Dachboden des Hauses. Man hielt ihn schlichtweg für Schizophren. Es war der erste Fall von Naomi Feil so das sie nicht gleich erkannte, das sein undurchschaubares Verhalten eine Folge seiner nicht aufgearbeiteten Vergangenheit war .

Isidor war in den Augen seines Vaters ein wertloses Kind. Auf dem Dachboden wurde er als Kind missbraucht.

In dem Heimleiter sah er jetzt den eigenen Vater. Als Anwalt war er ebenso erfolglos, hatte einen sehr wichtigen Prozess verloren, obwohl er im Recht war. Die Prügeleinheiten sollten die Strafe für den damaligen Richter darstellen und die Zahlen und Namen die er rief waren die Anschrift seiner Kanzlei auf die er sehr stolz war.

Im hohen Alter konnte Isidor nicht mehr die Fäden seines Lebens alleine zusammenführen und Durchlebtes abschließen, um in Würde zu leben und zu sterben.

Was sich jetzt vielleicht sehr kompliziert anhört ist gar nicht so schlimm, bedarf mehr einen guten Willen, etwas Übung und Selbstkontrolle.

Selbstkontrolle? Ja! Wir sind alles nur Menschen und nicht immer finden sich die richtigen Worte

1. Fehler bemerken

2.Überdenken

3. Ändern wollen

4. Sie wissen schon

Wie in Allem macht auch hier Übung den Meister

Validation sollte in allen Bereichen des Zusammenlebens möglich sein. Familie, Freunde, Arzt .

Vom Heimkoch bis zum Friseur. Alle können negative Assoziationen auslösen, oder auf der anderen Seite die Mitträgerinnen und Mitträger der Schuhe eines verwirrten alten Menschen sein.

Achten Sie mit darauf, was das Umfeld zu zum Besten gibt. Da kann schon eine Menge Dummes, Unbedachtes rauskommen, auch wenn es vielleicht sehr gut gemeint ist.

Vierte Lektion

1. *Gehe auf die Bedürfnisse ein*

2. *Zeige die Liebe zu ihnen*

3. *Zeige das sie noch gebraucht werden*

4. *Erwidere spontane Gefühle*

5. *Fühle dich selbst in die Verwirrung ein*

Das Kartoffel-Beispiel

Einer meiner, sich immer wiederholenden Ratschläge ist , lass helfen, auch in der Küche auch mit dem Messer. Können Sie sich vorstellen, das es gut für das Selbstwertgefühl ist mit zu helfen? Lass Ihn/Sie Kartoffeln schälen.

Das geht zu langsam? Ich meine 1 Kartoffel kein Kilo.

Da bleibt von der Kartoffel nichts nach?

Werden SIE jetzt nicht mehr satt?

Sorry, aber ist das schlimm ?

Was in diesem Moment, beim schälen in den grauen Zellen passiert, ist unbezahlbar, auch wenn nicht sichtbar. Genauso ist es beim Basteln oder Singen.

Eine Dame im Pflegeheim konnte auch nichts mehr, aber Bügeln, ich habe alle Stofftaschentücher zusammen geschnorrt und ließ sie bügeln. Haben Sie jetzt Angst um ihre Finger? Sie hat sich nie verbrannt.

Fünfte Lektion

Sei nicht zu ängstlich und zu zimperlich. Risiko ?
Ist abschätzbar. Der Nutzen unschätzbar

Und Sie üben sich in Geduld

„Spottet meiner nicht !
Ich bin ein schwacher
kindischer Mann.
All mein Verstand entsinnt
sich meiner Kleider nicht,
noch weiß ich, wo ich die
Nacht über schlief.
Lacht nicht über mich"

Shakespeare - „König Lear"   um 1600

Sechste Lektion

1. lerne Gefühle anzuerkennen,

2. lerne in den Schuhen des Anderen zu gehen,

3. lerne ihn genau da abzuholen wo er sich vom Geist her befindet,

4. Der Kranke bestimmt den Ablauf-
   wir müssen führen

5. Gib dem Kranken die Zeit -
   Deine Fragen zu verstehen und zu verarbeiten

Einfache Regeln für die Validation

- ◆ Einfache Fragen stellen >>möchtest du trinken?

- ◆ Keine Doppelfragen: möchtest du Kaffee oder Tee?

- ◆ >>möchtest du Kaffee?--- Pause---möchtest du Tee? -----Pause   möchtest du …...

- ◆ Niemals -Warum >> Warum trinkst du nicht. Besser : >> trinkst du was mit mir, dann schmeckt es mir besser

- ◆ Warum – Wie – Was - Fragen können **nicht** mehr beantwortet werden

- Halte Blickkontakt

- Stelle Handlungen nicht in Frage >> trotzdem loben,

- Akzeptiere die ver>>rüc>>>kte Welt

- Den Kranken nicht aus seiner Realität holen (trete in die Schuhe)

- Gehen Sie auf Augenhöhe, lächeln Sie und sprechen sie die Person nur von vorne an.

- Vergiss was der Schatz einmal alles konnte

- Freuen Sie sich über das was noch geht

- Loben Sie viel

- Lachen sie gemeinsam über Fehler

- Lassen Sie Kartoffeln schälen und loben trotzdem auch wenn nichts nach bleibt und es ewig dauert.

- Auch die Kinder und Freunde sollten bereit sein diese doch sehr einfachen Regeln zu beherzigen.

Die Sichtweise des Dementen gilt, und nichts anderes

Siebte Lektion

- Nonverbal kommunizieren
- Streicheln
- Augenkontakt halten

- Lächeln in den Arm nehmen

- Es darf gelacht aber nicht ausgelacht werden

Fühlen Sie sich in den Kranken rein, denken Sie sich an seine Stelle. Wie würden Sie sich in der gleichen Situation fühlen.

Beobachte aus dem „Bauch". Passe die Gefühle an. Verbinde Verhalten mit den Bedürfnissen.

Auch mit den Augen kann man berühren. Halten Sie den Blick auf gleicher Höhe, sitzend oder in der Hocke.

Es gibt kein, das kannst du weil du es immer konntest, mehr. Deswegen ist doch dieser Mensch nicht weniger wert. Nein ! Er ist nur krank und sterben müssen wir alle einmal. Aber jetzt haben wir noch Zeit miteinander. Kostbare Zeit die wir in Frieden und Harmonie verbringen wollen.

Wenn Sie das, trotz der vielen auf- und ab`s verstehen , dann sind Sie auf dem richtigen Weg damit fertig zu werden.

„Der Demente sucht seine Identität in der Vergangenheit, um seine Würde wieder herzustellen"

Lassen Sie es nicht soweit kommen wie in dem Beispiel auf der nächsten Seite

Helfen nicht bevormunden

Erlebt in einem Wartezimmer

Beim HNO Arzt, es kommt ein Ehepaar rein.

 Sie setzen sich

Er:(sichtlich unruhig) wie kommen wir nach Hause

Sie: gibt keine Antwort

Er: Soll ich das Auto holen?

Sie: NEIN! Du weißt doch das du nicht mehr fährst

Er:(noch unruhiger) Wie kommen wir denn nach Hause.

Sie: schaut ihn nur missmutig an, sagt: wird schon

Er:(rutscht auf dem Stuhl hinundher) wir müssen doch nach Hause kommen -   ich hole jetzt das Auto.

Sie: NEIN !

Es vergehen einige Minuten

Er: hast du den Autoschlüssel?

Sie: lass mich in Ruhe wir kommen schon nach Haus!

Ich spürte wie verzweifelt er war bis dann endlich....

 *Sie zickte : wir sind mit dem Taxi gekommen und fahren so auch wieder nach Haus, **als wenn du das nicht wüsstest.***

Jetzt steht er in seiner Verzweiflung auch noch als Trottel da.

Wüsste diese Frau nur ansatzweise etwas über Validation in seiner Krankheit dann wäre das Gespräch sicher so oder ähnlich verlaufen:

Er : Wie kommen wir nach Hause

Sie. Mein Schatz, wir sind mit dem Taxi gekommen, darum fahren wir auch mit dem Taxi nach Haus.

Ist das nicht einfach?

Vielleicht hätte seine Frau ihm zuliebe noch sagen können das er nächstes mal wieder fährt.

(Was natürlich nicht passieren wird, aber das wird er dann nicht mehr wissen)

Verstehen Sie den feinen Unterschied, und was glauben Sie wie er sich mit diesem Gespräch gefühlt hätte. Allerdings müssen Sie auch hier damit rechnen das er die Fragen mehrfach wiederholt.

Autofahren- ein eigenes Problem

Ein Demenzkranker der immer Auto oder Motorrad gefahren ist wird den Schlüssel nicht einfach hergeben.

Da kann sehr oft der Arzt helfen wenn er das Autofahren aus **gesundheitlichen Gründen <u>vorübergehend</u> nicht empfiehlt**

Auf den Doc wird oft eher gehört als auf die Angehörigen.

Alte verwirrte Menschen leben nicht mehr im HIER und JETZT. Sie bewegen sich in einer Welt die wir nicht verstehen.

Das ist auch nicht unbedingt notwendig. Es genügt, sie immer da abzuholen wo sie sich gerade befinden. Wie ein Spiel das wir mitspielen.

Wir machen was der Mensch möchte und tun was das Beste sein wird ohne es dem Dementen spüren zu lassen.

Verstehen wir seine Worte nicht mehr weil sie unvollständig und durcheinander sind, so hat er dennoch Recht.

Wir werden nicht Schulmeistern, belehren und verbessern, die Nase rümpfen, schimpfen oder die Augen verdrehen.

Sei Geduldig zeige deinem Gegenüber das du ihn magst / liebst. Auch wenn es in manchen Situationen fast unmöglich scheint, dann zähle doch mal wieder bis 10..........

Lächel und streichel.

Mit diesen simplen Methoden kommst weiter, wenn Sie streiten werden Sie immer den Kürzeren ziehen.

Lassen Sie Gras über die Dinge wachsen – in diesem (Demenz) Fall wird es sehr schnell gehen.

Kleine Notlügen können allen Beteiligten helfen. Nur nicht übertreiben.

Zusammenfassung der Technik-Validation

➢ Einfache Fragen

➢ Nicht wertende Fragen

➢ Wer, wann, was , oder wo

➢ W-Fragen fordern auf zu agieren und zu sprechen

➢ Niemals WARUM

➢ Verhalten spiegeln

➢ Spezielle Berührungen, regen zur nonverbalen Kommunikation an

➢ Gehe auf Augenhöhe

➢ Nicht von Hinten oder der Seite ansprechen

Ziele der Validation

✔ Sehr alten Menschen Würde und Selbstwertgefühl zurückgeben

✔ Vertrauen zu den desorientierten Menschen aufbauen

✔ Bedingungslose Akzeptanz des gelebten Lebens und der Lebenssituation

- ✔ Verhindern das sie in eine weitere fortgeschrittene Phase der Desorientierung gleiten
- ✔ Verbesserung der Kommunikationsform
- ✔ Vermeidung eines Rückzug in die „innere Welt"
- ✔ Eine Atmosphäre schaffen in der sich der Pflegebedürftige geborgen fühlt
- ✔ Bis zu ihrem Tode empathisch kommunizieren

Alte und desorientierte Menschen verhalten sich gemäß ihrer eigenen Welt, ihrer Auffassung von Zeit, Ort , Situation und Person.

Sie ziehen sich wie eine 30jährige an und wollen ihre, längst verstorbene, Mutter besuchen gehen.

Die Validation akzeptiert diese Sichtweise der Dementen.

Wir versuchen NICHT sie in unsere Realität zu holen.

BESCHÄFTIGUNG

Zuviel Hilfe unterstützt das Vergessen

Ist jemand krank, neigen wir dazu parat zu stehen. Helfen bei jeder Gelegenheit. Aber Vorsicht einem Demenz-Kranken zu viel abzunehmen schadet es sehr.

So lange wie irgend möglich selber machen lassen

- sich waschen,
- Zähne putzen,
- sich abtrocknen,
- Brot schmieren,
- helfen beim Tisch decken,
- Essen mit zubereiten
- Kuchen backen
- Staub saugen
- Staub wischen
- Bügeln
- Wäsche waschen

Nicht bevormunden – aber zur Seite stehen

Hobbys & Gedächtnistraining

Oft wollen die Hände nicht mehr so recht, die Stimme singt nicht mehr so toll, die richtigen Töne werden nicht mehr getroffen.   **GANZ EGAL!**
Trotzdem **TUN**.

Ein Dementer Mensch kann **nicht mehr neues lernen**

Es macht also keinen Sinn das Schachbrett aufzubauen wenn nie Schach gespielt wurde.

Da fällt mir die Frau K. ein, die nach Herzenslust und lauthals Lieder auch unanständige und umgedichtete über den Pflegeheim Flur trällerte Wunderbar.

Besinnen Sie sich auf das was bislang gern gemacht wurde Betonung liegt auf GERN!

Hier könnte die Biografie nützlich sein.

Wirklich das erlebte ich so oft. Da werden Kinderspiele und Bastelarbeiten vor geholt. Beschäftigung ist suuuper wichtig. Aber bitte das Richtige.

Wir haben es ja mit Erwachsenen zu tun auch wenn der Schein manchmal trügt.

Nicht alles ist für Jeden geeignet.

Frau B.

Sie war über 80

Ihre Leidenschaft war das Malen

Hab viel von Ihr gelernt

Karl-Wilhelm, ihn habe ich einige Jahre begleiten dürfen.

Den ersten Satz den er zu mir sagte:" ich bin Kalle und habe Alzheimer.

Hier haben wir Schmetterlinge ausgestanzt und auf ein Bild geklebt.

Wir haben zusammen leidenschaftlich gebastelt, Geschichten erzählt.

Später wurde es schwieriger aber Dick und Doof oder Sascha Grammel anschauen ging immer auch wenn die Tage schlechter waren. Wir haben so viel gemeinsam gelacht.

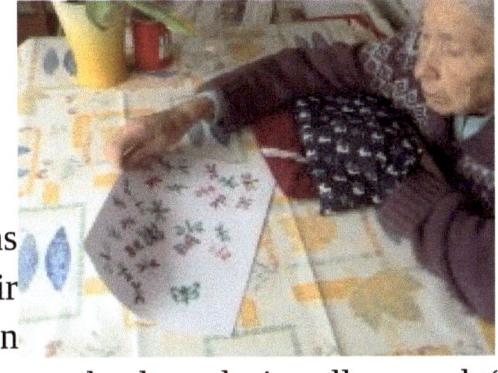

Frau E.

Sie war 90

Es muss schon klar sein das die meiste Arbeit von mir gemacht wurde. Ist aber ein Teil fertig und ich hab gesagt „ das hast du ja toll gemacht"
Dann sollten Sie mal die leuchtenden Augen sehen

Frau C. Konnte mit den Händen nichts mehr machen aber zu ihrer Briefmarken-Sammlung viel ihr immer was zum erzählen ein.

Eine tolle Adresse für Sie.

http://aktivierungen.de

Hier finden Sie eine Fülle an sinnvollen Aktivierungen für fast jedes Stadium dieser Krankheit für wirklich kleines Geld. Kann ich nur empfehlen.

Zu den angebotenen Spielen in Kaufhäusern möchte ich dagegen eher nicht raten. Sie sind meist sehr teuer und wie gesagt, es kann nichts neues mehr gelernt werden. Ein Fotoalbum mit alten Bilder ist dagegen hervorragend.

Finde die kognitiven Fähigkeiten heraus dann ist alles gut.

Lass der Phantasie freien Lauf und länger als 1-2 Std. sollte keine Aktivierung dauern.

Sehen Sie Anzeichen von Müdigkeit machen Sie Schluss.

Hier ein Link zu einem kurzen Video ca.2 Min.

https://www.youtube.com/watch?v=b2tOZbLkeqQ

Wir haben eine Woche zuvor Gläser mit Gipsbinden beklebt und in diesem kurzen Video wird ein Glas bemalt .

Herr K.W. hat hier schon hochgradig Alzheimer.

Eine Stunde nur

Aber bitte kein Kinderkram

Nehmen Sie einen Beutel und packen da einige Sachen rein z.B. ein Kamm, Stein, Stofftier, kleiner Ast, Borke , was eben so da ist und erfühlen lassen was es ist, dann raus nehmen und über das Teilchen sprechen.

Stadt Land Fluss – aber nur Max. 3 Sachen zum raten(schreiben müssen wahrscheinlich Sie)

Varianten wären   Name Blume Tier

3 Dinge aus dem früher ausgeübten Beruf

Knopfkasten zu Hause? Schöne Knöpfe können Geschichten erzählen

Lesen Sie was vor,   z.B. Wilhelm Busch und alte Märchen

Achtung Tageszeitung – Nur positives raus suchen

Singen, alte Volkslieder kommen sehr gut an

Salzteig – matschen kneten und trocknen lassen

An einem anderen Tag werden sie bemalt.

Muscheln werden preiswert angeboten . Sie werden gern in die Hand genommen. Können mit Acrylfarben bemalt werden

Ebenso glatte Steine

Alltagsdinge wie Holzlöffel, Kuchenrolle, Schöpfkelle, Backform, Hobel, Hammer, Nägel.

Erraten lassen wie die Dinge heißen.

Luftballon aufgeblasen hin und her schubsen

Ball - über den Tisch rollen

Bewegungsgeschichten : Sie denken sich eine Situation, zB mit dem Enkel Angeln gehen. Von Anziehen bis zum Fisch fangen – bis zum essen werden die Bewegungsabläufe nachgespielt. Keine Phantasie? Auch diese Geschichten finden Sie bei   http://aktivierungen.de

Wimmelbilder einfach mal googeln Da sind ausnahmsweise die für Vorschüler erlaubt

Sie merken, es müssen keine teuren Spiele oder Bücher gekauft werden.

Ihnen fällt da sicher was ein, ist ja auch von den Ressourcen des Kranken abhängig.

Spezielle Angebote sind meist sehr kostspielig und haben oft keinen großen Nutzen

Achte Lektion

- *Keine Kinderspiele*
- *Nichts beibringen wollen*
- *max. 2 Stunden*

DEMENZSTADIEN

Die Abschnitte der Krankheit verlaufen unterschiedlich, trotzdem nach einem gewissen Rhythmus. Es ist sehr gut möglich das der eine oder andere Verlauf auch ausgelassen wird.

Tabelle der Demenzstadien nach Naomi Feil

Stadium 1

Mangelhafte und unglückliche Orientiertheit.
Orientiert aber unglücklich
Leicht Depressiv
Verleugnet erkennen der Krankheiten
Oft schroff , anklagend , weinerlich
Kann noch für sich selbst sorgen
Braucht jemand der erinnert
Will nichts neues lernen
Kann noch lesen / rechnen / schreiben
Hält sich an Regeln

Stadium 2

Zeitverwirrtheit

Kann mit Uhrzeit nichts mehr anfangen

Körperfunktionen lassen nach: hören , sehen ,
Blasenschwäche

Schwierigkeiten bei der Wortfindung

Reagiert besonders auf fürsorgliche Stimmen und
Berührungen

Verlegt oft persönliche Gegenstände.

Misstrauisch und schnell mit Schuldzuweisungen

Weiß vielleicht den eigenen Geburtstag noch

Probleme mit den Wochentagen , Monate, Jahreszeiten

Stadium 3

Sich wiederholend bewegen

Oft Rastlos

Keine Blasenkontrolle mehr

Zeigt offen Gefühlen

Spricht wenig

Keine Motivation zu lesen oder schreiben

Hobbys interessieren nicht mehr

Fällt oft in die frühe Kindheit

Kommuniziert oft nur noch Nonverbal,
ersetzt Sprache durch Bewegung

Keine Orientierung

Vergisst Gesichter auch das Eigene

Erkennt sich aber vielleicht noch als Kind oder junge Frau

Stadium 4

Dämmert vor sich hin

Erkennt weder Familie noch Pflegepersonal

Embryonale Position

Werden ruhiger

Muskeln und Sehnen verkürzen sich

Wenig bis keine Emotionen

Spricht nicht mehrfach

Beim Validieren kann ein Singsang mit 1-2 Worten vorkommen

Reagiert auf Basale Stimulation

Berührungen, Streicheleinheiten sind in dieser letzten Phase ganz besonders wichtig. Auch wenn man sich vielleicht davor scheut. Anfassen, ansprechen auch wenn man denkt es wird nichts mehr verstanden.

DEIN HANDWERKSZEUG

➢ **Die Stimme**

Scharfe Klänge können Ärger hervorrufen

Die Stimme kann Erinnerungen auslösen

Klar - warm – liebevoll sollte sie sein

Hohe, schwache und zu sanfte Töne können vielleicht nicht mehr wahrgenommen werden

Immer frontal ansprechen. Von der Seite könnte man erschrecken, da sie aus den Augen winkeln nicht mehr sehen können

Niemals Unterhaltungen im Rücken der Personen führen, das kann Angst vor Unbekannten auslösen.

➢ **Die Augen**

Berühre mit den Augen.

Halte echten, direkten Blickkontakt

Möglichst gleiche Augenhöhe herstellen, z.B. in die Hocke gehen oder auf einen Stuhl sitzend.

I

➤ **Berührungen**

Die Arme, Schulter und Schulterblatt zu streicheln, vermitteln das Gefühl ein nahestehender Mensch zu sein

Die Wange mit dem Handrücken zu streichen stimulieren Gefühle.

Mit der Handfläche auf der Wange stimulieren Gefühle von umhegt sein.

Neunte Lektion

Menschen, die Zeit-verwirrt sind, brauchen eine Kombination von Stimulation aus

Berührung   **Blickkontakt**   **Stimme**

um antworten zu können

- Achte auf eine warmherzige Stimme (auch wenn die Stimmung dagegen spricht)

- Halte milden Blickkontakt auf Augenhöhe

- Berührungen immer von vorne kommend

- Streicheln aber mit Überzeugung

Validation sieht das Ganze
Unabhängig von den Krankheitsbildern

<u>Verbale Validation</u>

1. Rekapitulieren, wiederholend
2. Aufs neue Verbindungen herstellen
3. Erinnere Dich
4. Erkenne das bevorzugte Sinnesorgan
5. Stell Dir das Gegenteil vor (Gefühlswelt)

<u>Nonverbale Validation</u>

1. Beobachte „aus dem Bauch"
2. Passe deine Gefühle an
3. Zeige Emotionen mit Emotionen
4. Verbinde Verhalten mit Bedürfnissen
5. Berühre und streichel mit den Augen
6. Spiegel die Bewegungen

Beurteile die eigene Validationsfähigkeit

Kreuzen Sie die richtige Antwort an.

1. Eine desorientierte Bewohnerin schreit jedes mal, wenn sie ihre Tasche fallen lässt

    (a) Ihr versichern das sie ihre Tasche überhaupt nicht braucht. Weil sie ja doch nirgendwo hingeht und Geld auch nicht braucht

    (b) Dafür sorgen das sie ihre Tasche hat. Vertrauen aufbauen und herausfinden was ihr die Tasche bedeutet.

    (c) Nehmen Sie ihr die Tasche weg, dann ist Ruhe,

2. Wenn Sie direkten Kontakt zu Ihrem Dementen haben, neigen Sie dann meist dazu

    (a) Distanz zu halten

    (b) Sanft berühren und Blickkontakt wahren

    (c) Sanft berühren um eine Interaktion zu fördern

    (d) Sehr nahe stehen, ohne zu berühren

3. Der Demente findet die Toilette nicht und macht sich im Flur schon die Hose auf und will einen Schrank öffnen

   (a) Ihn wissen lassen das es so wohl nicht geht

   (b) Sanft fragen ob Sie ihm die Toilette zeigen dürfen

   (c) Sie schimpfen das er so was nicht machen darf

4. Der Desorientierte ruft laut und beschwert sich ständig das sein Gebiss weg ist.

   (a) Sie/Er soll nicht ständig das Gebiss raus nehmen, dann braucht man auch nicht suchen.

   (b) Die Zähne suchen und ihr/ihm das Gebiss geben

   (c) Sagen das er jetzt keine Zähne braucht

Ein kleiner Test nicht wahr? Und wenn sie alle b Fragen angekreuzt haben, sind Sie auf der richtigen Spur.

Ein bisschen Instinkt, Bauchgefühl und vor allem Liebe zum Mitmenschen. Hinterfragen Sie sich doch einfach, überlegen Sie wie sie es in der umgekehrten Situation gerne hätten.

Liebevoll oder Streng

Zärtlich oder Grob

Verständnisvoll oder Hochmütig

DIE GELIEBTE KATZE

Sie hatte immer ein Kätzchen, und auch diese war schon betagt. Aber wirklich so niedlich.

Dieses Kätzchen war der einzige Bezug für Liebe und Zärtlichkeit.

Ihre Tochter verlor immer mehr die Nähe zu Ihrer Mutter. War das einzige Kind. Sie war es die den Kontakt zu mir hergestellt hat, einmal die Woche wollte ich mit ihr Malen.

Das war ihr einziges Hobby. Anzeichen für Demenz war da, aber zu dem Zeitpunkt nicht sehr ausgeprägt.

Die Tochter kam mit der Mutter nicht gut klar was zweifelsohne auch mit an der Mutter lag. Sturheit, Starrsinn führten immer mehr zu Eskalationen, bis sie sich anschrieen und die Tochter den Fluchtweg einschlug. Bis das nächste mal einkaufen angesagt war.

Den Haushalt konnte Frau B. nicht mehr schaffen, alles war nur oberflächlich, auf dem ersten Blick sauber und das Katzenklo stank entsprechend zum Himmel. Statt selber Abhilfe zu schaffen war es ja einfacher nur zu meckern.

Frau B. spürte das die Katze weg sollte, ihr geliebtes Mariechen. Eines Tags war es dann soweit, Mariechen war sehr schwach und fraß und trank nicht mehr. Die Tochter entschied über die Mutter hinweg – Katze Tierarzt Tod. Es war unausweichlich aber wo ist das Problem, werden Sie, lieber Leser, sich jetzt vielleicht fragen ?

1. Die Tochter ist allein zum Tierarzt

2. Mit dem Tierarzt wurde das Ende entschieden

3. Die Mutter wurde nicht informiert

4. Tochter stellt die Mutter vor vollendete Tatsachen

5. Mutter konnte sich nicht verabschieden

Und jetzt ?

Was jetzt folgte war das absolute Trauma.

Frau B   bekam in der selben Nacht einen Schub in die Demenz. Suchte die ganze Nacht, im ganzen Wohnblock ihr Mariechen. Sie beschuldigte die Nachbarn und war außer sich Ich konnte sie auch nicht beruhigen, versprach ihr aber ein Kätzchen zu besorgen, mit ihr gemeinsam. Dazu kam es leider nicht, das hatte die Tochter verhindert. Sie meinte das könne man der Katze nicht antun. Sicher hat sie es nicht böse gemeint, für ihre Mutter war es aber der Abstieg in die Demenz. 2 x Noteinweisung in die Geriatrie dann endgültig das Heim und das in kürzester Zeit.

Musste es so kommen?

Was hätten Sie gemacht, jetzt wo sie Validieren verstehen.

Der Verlust von jemanden der geliebt wurde, hat meistens fatale Folgen für einen Demenzkranken und darf niemals unterschätzt werden. Sicher wäre diese Situation ganz anders verlaufen, hätte die Tochter mit ihrer Mutter gemeinsam eine Lösung gefunden. Hätte die Tochter sich mit Validation auseinandergesetzt.

GEMEINSAM

Auch ein Krankenhausaufenthalt kann einen schweren Schub zur Folge haben. Was meiner Meinung nach mit daran liegt :

- Ärzte nehmen sich nicht die Zeit für Erklärungen

- Ärzte sind unerfahren im Umgang mit Alzheimer

- Pflegepersonal hat keine Zeit

- Pflegepersonal ist unerfahren im Umgang mit Demenz

Die Folge:

- Der Kranke ist verunsichert

- Zuviel allein im Zimmer

- Versteht nicht was da passiert

- Haben Angst

Bestenfalls mindert sich der schlimme Zustand zu Hause. In der Regel bleibt immer was zurück. Einziger Schutz sind viele und lange Besuche im Krankenhaus, damit Sie nicht in Vergessenheit geraten.

Auch ein Buch von Hildegard Brüssow

Erhältlich als LsF eBOOK

https://lsf.one/shop.html#!/products/dem-vitaminmangel-auf-der-spur

Kommen wir zur Ernährung. Wie wichtig Vitalstoffe sind, brauche ich wohl nicht erklären. Das Problem bei alten Menschen ist das sie meistens generell nicht mehr so viel essen und trinken. Bei Demenzerkrankungen sollte man dies besonders berücksichtigen.

DIE ERNÄHRUNG

Eine gute , gezielte Nahrungsergänzung kann sich vorteilhaft auf den Krankheitsverlauf auswirken. Das ist wissenschaftlich bewiesen

→ Omega 3

→ Vitamin B Komplex

→ Ginko

→ Folsäure

Sie können die Krankheit nicht stoppen, helfen aber die kognitiven Fähigkeiten länger zu erhalten.

Ein paar Stichpunkte

300x mehr Vitalstoffe hatte der Steinzeitmensch in der Nahrung.

Heute sind allein durch Ernte – zum Verbrauch 20% weniger

Lagerung, Verarbeitung, kochen, vernichten nochmals 20%

Endlich im Körper verhindert

Zucker   Alkohol   Kaffee

die volle Aufnahme

Aber auch zu wenig Schlaf und rauchen sind Vitamin-Killer

Besser fühlen auch Sie sich wenn:

Viel Gemüse

Wenig Fleisch

2-3 Liter Wasser, Saft, Tee

Ungesättigte Fette

Möglichst Jodsalz verwenden

Viel Bewegung

Nicht rauchen

Kein Alkohol

Viel schlafen

Und ganz viel lachen

WIRD ESSEN VERWEIGERT ?

Es gibt so einige Gründe warum ein demenzkranker Mensch nicht essen mag und es vielleicht sogar total verweigert.

→ Sie vergessen schlichtweg das sie Hunger oder Durst haben

→ Durch schlechteres sehen befindet sich das Essen nicht im Blickfeld.

→ Es schmeckt einfach nicht. (die Geschmacksknospen lassen alles wie Pappe schmecken. Manchmal hilft mehr Zucker oder Würze)

→ Fleisch rutscht nicht mehr, müsste püriert werden.

→ Übrigens, auch püriertes Essen kann auf dem Teller appetitlich angerichtet werden.

→ Es steht zu viel auf dem Tisch.

→ Man lässt sie nicht essen wie sie wollen zB. mit den Fingern. (Messer und Gabel können nicht gut gehalten werde, es gibt spezielles Besteck)

→ Durch Gewichtsabnahme passen die 3. Zähne nicht mehr gut. (Vielleicht ist der Gang zum Zahnarzt fällig)

→ Essen sie gemeinsam.

➜ Was früher die Lieblingsspeise war, könnte jetzt eklig sein. Probieren Sie was Neues

➜ Auf Nüsse sollte man ganz verzichten, sie lassen sich schwer schlucken und setzen sich leicht unter die 3ten.Stellen sie eine Essenssituation von DAMALS nach.

➜ Entspannte Atmosphäre schaffen , unterhalten sie sich wenn das Essen gereicht wird.

➜ Kein Fernseher, aber vielleicht das Radio

➜ Zum Frühstück die Zeitung reichen (auch wenn nicht gelesen wird)

➜ Nicht zu früh vom Tisch aufstehen.

➜ Auch beim Essen kann man Spaß haben, es ist wirklich wichtig nicht alles so ernst zu nehmen.

NIMM DEIN ZUHAUSE UNTER DIE LUPE

Sicherheit sollte an erster Stelle stehen. Stürze passieren häufig dort wo wir uns am sichersten fühlen, also zu Hause.

Und das oft in ganz alltäglichen Situationen. Teppichkanten oder aussteigen aus der Dusche, können auf einmal Hindernisse mit schweren Folgen darstellen.

Besprechen Sie das Problem mit einem Pflegedienst oder im Sanitätshaus. Es gibt soviel, was das Leben erleichtern kann.

Die folgende Liste sollten Sie wirklich einmal durcharbeiten. Seien Sie kritisch und nehmen Sie das ernst. Nicht überall man mit dem Rollator zurecht.

Zugang zum Haus (Außenbereich)	Ja	Nein
Ist ein Treppengeländer vorhanden (bei einem nicht ebenerdigen Zugang?		
Hausflur und Treppen, insbesondere Kellertreppen		
Ist Treppe gewendelt oder Stufen abgeschrägt		
Sind Treppenstufen vollflächig mit Bodenbelag ausgelegt		
Ist der Belag rutschfest z.B. Teppichboden		
Ist ein Handlauf innen u. außen vorhanden Handläufe sollten über den Anfang und Ende hinaus gehen		
Technische Ausstattung		
Ist ein elektrischer Türdrücker bzw. Sprechanlage vorhanden		
Ist das Telefon gut erreichbar		
Ist ausreichend Licht/Beleuchtung vorhanden (Bewegungsmelder?		

Türen	Ja	Nein
Sind Schwellen vorhanden		
Sind die Türbreiten für Rollator und Rollstuhl ausreichend		
Küche		
Sind Sitzgelegenheiten auch mit Hilfsmittel bequem erreichbar		
Können häufig genutzte Gegenstände gut erreicht werden (Tasse,Glas,Teller usw.)		
Bad		
Ist eine schwellenlos zugängliche Duschmöglichkeit vorhanden		
Gibt es einen Duschhocker		
Ist die Toilettenhöhe der Körpergröße angepasst		
Gibt es ausreichend Haltegriffe in Bad/Dusche/Toilette		
Badeteppiche sind Stolperfallen		
Ist der Lichtschalter gut erreichbar ggf Bewegungsmelder, Notklingel		
Schlafzimmer		
Ist der Lichtschalter vom Bett aus erreichbar (ggf.Sensorschalter einsetzen		
Gibt es eine Ablagemöglichkeit am Bett		
Ist die Betthöhe angepasst		
Gibt es ein Nachtlicht zur Orientierung		
Wohnung allgemein (Rundgang machen)		
Können die Teppiche verrutschen		
Gibt es Teppichbrücken		

Checkliste Wohnung

Wo Sie was tun können	Was Sie tun können
Alle Innenräume/ Allgemein	**Stolperfallen entfernen wie z.B** • Teppiche und Läufer fixieren oder entfernen • Türschwellen einebnen • Rutschfeste Treppenbelege anbringen • stabile Handläufe, beidseitig • oberste und unterste Stufe farblich kennzeichnen • spiegelnde Flächen vermeiden • für gute Beleuchtung sorgen • Nachtbeleuchtung ggf. Bewegungsmelder • frei liegende Stromkabel im Raum vermeiden **Orientierungshilfen geben z.B. durch:** • Farbgebung als optische Orientierungshilfe • Sensorgesteuerte akustische Signale • Leuchtstreifen als Wegweiser • Türschilder **Brandschutz** • Feuerzeuge, Streichh.,Kerzen sicher aufbewahren • Rauchmelder **Verlassen der Wohnung verhindern z.B. durch:** • Einbau akustischer Signalgeber in den Türen • Einbau Chip gesteuerter Schlösser • Abschließbare Griffe an den Fenstern • Sehr dunkler Vorhang vor die Tür hängen • Größere schwarze Fußmatte vor die Tür legen **Technische Geräte** • Neue Geräte nur wenn unbedingt nötig • möglichst alte Geräte weiter nutzen auf integrierten Überhitzungsschutz achten

Küche	• Herd sichern z.B Abschaltautomatik. Vom Elektriker einen Zwischenschalter legen lassen. • Heißwasserbereiter auf niedrige Temperatur halten • Automatische Wassersperre einbauen • Ggf. Zugang zur Küche einschränken • Gefährliche Substanzen wie Putzmittel, Insektenvernichtungsmittel usw. verschlossen aufbewahren
Bad	• Schlüssel abziehen • Automatische Wassersperre einbauen • Badvorleger fixieren oder entfernen • Feste Haltegriffe an Dusche und Wanne anbringen • Anti-Rutsch-Matten in Dusche und Wanne anbringen • Wasch und Putzmittel sicher aufbewahren • Medikamente verschlossen aufbewahren
Garten	• Grundstück einzäunen • Gartenwerkzeuge und Chemikalien sicher aufbewahren

Wenn Sie z.B. im oberen Bereich schlafen und unten befindet sich die Toilette, sollte man ernsthaft über einen Toilettenstuhl nachdenken.

Überprüfen Sie ob ein Hausnotrufsystem notwendig ist. (Z.B. Johanniter, Rotes Kreuz, AWO)

Notwendige Umbauarbeiten im Bad oder sonstiges mit der Krankenkasse besprechen. Vieles wird bezuschusst.

Das Sie Pflegestufen beantragen können ist Ihnen ja sicher bekannt. Aber denken Sie auch an das Betreuungsgeld, das ist allein für Ihre Entlastung gedacht z.B. den „Seniorensitter" oder Alltagsbegleiter, anfangs haben ich es schon angesprochen.

Denken Sie frühzeitig über notwendige Maßnahmen nach.

Vielleicht jetzt noch alles im „grünen Bereich" ist. Das kann sich aber sehr schnell ändern. Und das Antrag stellen bei den Kassen kann dauern. Erheben Sie Einspruch wenn wichtiges abgewimmelt wird. Lassen Sie sich erklären was Sie nicht verstehen.

Dafür sollten Sie schon einen Plan bereithalten.

Sammeln Sie Flyer/Visitenkarten der Pflegedienste, Sanitärbedarf usw. in Ihrer Nähe, dann brauchen Sie nicht mehr lange suchen wenn es Akut wird.

Die Alzheimer Gesellschaft bietet wertvolle Beratung an.
Im Internet finden Sie sicher eine in Ihrer Nähe.
Telefonisch erst mal einen Termin machen.

Die Lektionen im Überblick

Erste Lektion:

Akzeptiere den IST-Zustand . Manchmal hilft es sich einfach umzudrehen und bis 10 zählen.

Zweite Lektion:

Freuen wir uns doch über die kleinen Dinge statt uns immer wieder zu ärgern, dann zieht Leichtigkeit in Ihr Leben und sie werden noch viel Freude miteinander haben. (Übrigens, andersherum, würden SIE immer den Kürzeren ziehen.)

Dritte Lektion:

Sprechen Sie **offen** und von Anfang an über das Problem. Mit Ihren Kindern, Enkelkindern, Freunden, Nachbarn. Sie werden schnell feststellen das Sie gar nicht mehr so allein sind

Vierte Lektion

1. Gehe auf die Bedürfnisse ein
2. Zeige die Liebe zu ihnen
3. Zeige das sie noch gebraucht werden
4. Erwidere spontane Gefühle
5. Fühle dich selbst in die Verwirrung ein

Fünfte Lektion

Sei nicht zu ängstlich und zu zimperlich. Risiko ?
Ist abschätzbar. Der Nutzen unschätzbar
Und Sie üben sich in Geduld

Sechste Lektion

6. lerne Gefühle anzuerkennen,
7. lerne in den Schuhen des Anderen zu gehen,
8. lerne ihn genau da abzuholen wo er sich vom Geist her befindet,
9. Der Kranke bestimmt den Ablauf-   wir müssen führen
10. Gib dem Kranken die Zeit -
         deine Fragen zu verstehen und zu verarbeiten

Siebte Lektion

- Nonverbal kommunizieren
- Streicheln
- Augenkontakt halten
- Lächeln und in den Arm nehmen
- Es darf gelacht aber nicht ausgelacht werden

Achte Lektion

- Keine Kinderspiele
- Nichts beibringen wollen
- max. 2 Stunden

Neunte Lektion

Menschen, die Zeit-verwirrt sind, brauchen eine Kombination von Stimulation aus

    Berührung   Blickkontakt   Stimme
        um antworten zu können

- Achte auf eine warmherzige Stimme (auch wenn die Stimmung dagegen spricht)
- Halte milden Blickkontakt auf Augenhöhe
- Berührungen immer von vorne kommend
- Streicheln aber mit Überzeugung

Ja, liebe Leserin, lieber Leser.

Jetzt bin ich am Ende und hoffe ihnen mit diesem Ratgeber wertvolle Tipps vermitteln zu können, die nur ein Ziel haben sollten, nämlich dieser Krankheit den Schrecken zu nehmen.

Nehmen Sie sich die einzelnen Lektionen zu Herzen und dann macht, wie bei allem, die Übung den Meister.

Wenn Sie Anregungen haben um den Inhalt dieses Buches zu verbessern dann schreiben Sie mir unbedingt.

hildegard.gerdes@sh76.de

Bleiben Sie gesund

Hildegard Brüssow

DIES KÖNNTE HILFREICH SEIN

Literatur Empfehlungen:

Alzheimer und Demenz	Isabella Heuser	978-3-451-06189-9
Ein langer Abschied Keine Angst vor Alzheimer	Hanna Berger (Biografie)	978-3-8301-1097-2
IN Ruhe verrückt werden dürfen	Erich Schützendorf Helmut Wallrafen-Dreisow	978-3-596-10516-8
Das schleichende Vergessen	SoWiSo	978-3-839-13710-9
Ich habe Fulsheimer	Erfahrungsberichte	978-3-937-90482-5

www.seniorenimnorden.de

www.afi-kids.de

www.bmfsfj.de

www.alzheimerinfo.de

www.dvka.de

www.Merz.der

Eine riesen Informationsquelle

über Google-suche memory klinik

Rechtliche Hinweise

SPRACHREGELUNG:
Zur Vereinfachung beim Schreiben und Lesen wird immer die männliche Form verwendet: der Urlauber, der Tourist usw. Dieser Artikel dient als allgemeiner Gattungsbegriff und schließt weibliche Personen automatisch mit ein.